Dans la même collection

PIERRE BOUCHER, grand serviteur de la Nouvelle-France

PIERRE LE MOYNE D'IBERVILLE, le chevalier des mers

ROBERT CAVELIER DE LA SALLE, le prince des explorateurs

MADELEINE DE VERCHÈRES, l'intrépide «Magdelon»

JEANNE MANCE, l'héroïque infirmière

LOUIS JOLLIET, découvreur du Mississippi

CHARLES LE MOYNE, premier seigneur de Longueuil

GUY DE LA VIOLETTE, fondateur de Trois-Rivières

PIERRE-ESPRIT RADISSON, le coureur des bois

SAMUEL DE CHAMPLAIN, père de la Nouvelle-France

LE GARDEUR
DE REPENTIGNY

Données de catalogage avant publication (Canada)

Lévesque, Denis, 1947-

Legardeur de Repentigny, une famille modèle de la Nouvelle-France

ISBN 2-7640-0105-3

1. Legardeur (Famille) - Ouvrages pour la jeunesse. 2. Seigneuries - Canada - Histoire - Ouvrages pour la jeunesse. 3. Lanaudière (Québec) - Histoire - Ouvrages pour la jeunesse. 4. Canada - Histoire - Jusqu'à 1763 (Nouvelle-France) - Ouvrages pour la jeunesse. I. Titre.

FC305.L48 1996   j971.01   C96-940519-7
F1030.L48 1996

LES ÉDITIONS QUEBECOR
7, chemin Bates
Outremont (Québec)
H2V 1A6
Téléphone: (514) 270-1746

Copyright © 1996, Les Éditions Quebecor
Dépôt légal, 2ᵉ trimestre 1996

Bibliothèque nationale du Québec
Bibliothèque nationale du Canada
ISBN: 2-7640-0105-3

Éditeur: Jacques Simard
Coordonnatrice à la production: Dianne Rioux
Conception de la page couverture: Bernard Langlois
Illustration de la page couverture: Caroline Merola
Révision: Sylvie Massariol
Correction d'épreuves: Francine St-Jean
Infographie: Composition Monika, Québec
Impression: Imprimerie L'Éclaireur

LE GARDEUR
DE REPENTIGNY

Denis Lévesque

**Les Éditions
Québecor**

Table des matières

Chapitre 1
L'arrivée 9

Chapitre 2
Les accompagnateurs 25

Chapitre 3
Les Compagnies franches de la
Marine 35

Chapitre 4
Jean-Baptiste Legardeur s'installe à
Repentigny 45

Chapitre 5
Une troisième génération:
Pierre mais surtout Agathe 63

Chapitre 6

Le retour en France   83

Faits marquants   89

Bibliographie   95

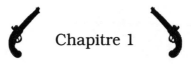 Chapitre 1

L'arrivée

Samuel de Champlain, le fondateur de Québec et toujours considéré comme le père de la Nouvelle-France, est décédé à Québec même le jour de Noël 1635. Pendant plus d'un quart de siècle, il avait eu la charge du gouvernement local et s'était acharné à y amener, année après année, de nouveaux immigrants français pour peupler la colonie naissante.

Ses succès n'avaient jamais été à la hauteur de ses espérances mais, néanmoins, commençait-on à y voir les signes d'un établissement rempli de promesses. Les Robert Giffard, Louis Hébert et compagnie défrichaient les premières terres, question de faire paître le bétail et d'offrir le minimum de fruits et de légumes dont pouvait avoir besoin la population pour assurer sa survie durant les longs mois d'hiver.

À la mort de Champlain donc, la métropole délégua le chevalier Huault de Montmagny pour succéder au fondateur et pour poursuivre l'honorable mission qui semblait être en si bonne voie. Sur le bateau commandé par monsieur de Courpon qui l'amenait en Nouvelle-France se trouvaient également quarante-cinq nouvelles recrues, dont dix membres de la famille Legardeur. Ces derniers allaient jouer un rôle remarquable dans le développement de plusieurs seigneuries établies le long du Saint-Laurent et dans la défense de la colonie. Le bateau accosta à Québec le 11 juin 1636.

* * *

La famille Legardeur était originaire de Normandie où elle avait possédé les seigneuries d'Amblie, de Tilly, de La Valette, de Croysilles, de Repentigny et plusieurs autres, ce qui explique les différents noms que prendront les descendants.

Aussi loin que l'on puisse remonter dans la généalogie de cette famille, on retrouve Jean Legardeur de Croysilles qui fut annobli par Louis XII en mai 1510. La même année, il épousait Jeanne de Tavernier qui lui donna trois fils: Jean Legardeur de Croysilles, Boniface Legardeur de Tilly et Philippe Legardeur de Tilly. C'est Boniface ici qui nous intéresse. Il épousa Louise de Montfriant et eut cinq enfants: René, Olivier-Roland, Guillaume, Jacques et Robert.

L'aîné, René, épousa Marguerite de La Coste, le 3 mai 1582. Devenu veuf, il se remaria à Catherine de Cordé, le 27 mai 1599. C'est après la mort de René que Catherine de Cordé décida de venir s'établir en Nouvelle-France avec ses enfants à l'invitation de la Compagnie des Cent-Associés.

Les dix membres de la famille Legardeur qui débarquèrent à Québec en ce beau jour de juin 1636 étaient les suivants:

– Catherine de Cordé;

– Pierre Legardeur de Repentigny, son fils;

– Marie Favery, épouse de ce dernier;

– Marie-Madeleine, Catherine et Jean-Baptiste, leurs trois enfants;

– Charles Legardeur de Tilly, second fils de madame de Cordé;

– Marguerite Legardeur de Tilly, fille de madame de Cordé;

– Jacques LeNeuf de La Poterie, son époux ;

– Marie-Anne LeNeuf de La Poterie, leur fille.

On peut ajouter également que plusieurs membres de la famille de Jacques LeNeuf de La Poterie étaient du voyage. Il s'agit de sa mère, Jeanne Le Marchant, de son frère Michel LeNeuf du Hérisson et de sa fille adoptive ou naturelle Anne, ainsi que de leur sœur Marie LeNeuf qui épousera plus tard l'un des pionniers de Trois-Rivières, Jean Godefroy de Lintot. Les membres des deux familles formaient, tous ensemble, un véritable clan.

* * *

Les chroniqueurs de l'époque et les historiens nous apprennent peu de choses sur les premières années de vie de la famille Legardeur en Nouvelle-France. Ce que l'on sait toutefois, c'est qu'elle s'installa à Québec ou aux alentours d'abord avant de s'établir ailleurs pour développer les seigneuries qui lui avaient été concédées.

Catherine de Cordé, la mère, mourut à Québec le 7 juillet 1657. On ne précise pas son âge mais, puisqu'on sait qu'elle s'était mariée en 1599, on peut présumer qu'elle devait bien avoir dans les soixante-dix ans. Elle fut inhumée dans l'église paroissiale «sous le banc de la famille de monsieur de Repentigny, son fils, le premier du côté du chœur à main gauche».

Pierre Legardeur de Repentigny eut, pour sa part, une vie un peu plus mouvementée. Né à Thury-Harcourt en Haute-Normandie, il était âgé de 35 ou 36 ans lorsqu'il arriva en Nouvelle-France avec son épouse et ses trois premiers enfants, Marie-Madeleine, Catherine et Jean-Baptiste. Trois autres fils naîtront plus tard en terre québécoise, Charles-Pierre et les deux autres prénommés Ignace.

On dit que Pierre devint bientôt l'un des hommes les plus importants de la colonie. Il prit une part active aux affaires commerciales, maritimes et administratives, mais il semble bien que ses intérêts personnels passaient avant les intérêts de la Nouvelle-France.

Mère Marie de l'Incarnation le tenait malgré tout en haute estime. Dans une lettre qu'elle adressait à son fils le 15 septembre 1644, elle le présente comme le «lieutenant de monsieur le gouverneur, honnête gentilhomme et l'un de nos meilleurs amis. [...] Vous le prendrez pour un courtisan, ajoute-t-elle, mais sachez que c'est un homme d'une grande oraison et d'une vertu bien épurée. Sa maison, qui est proche de la nôtre, est réglée comme une maison religieuse.»

Dans le style d'écriture de l'époque, la religieuse n'a également que de bons mots pour parler de son épouse et de ses deux filles. Voyez plutôt: «Ses deux filles sont nos pensionnaires; ce sont de jeunes demoiselles qui ont sucé la vertu avec le lait de leur bonne mère, qui est une âme des plus pures que j'aie jamais connue.»

Pierre Legardeur fit valoir ses talents de leader en 1644 quand, avec Noël Juchereau Des Chatelets, il réunit les notables de la colonie et proposa la formation d'une communauté des habitants qui prendrait en main le monopole de la traite des fourrures. C'était, et de loin, la principale source de revenus qu'offrait la colonie et ceux qui en détenaient les guides s'assuraient, en bien peu de temps, d'une fortune intéressante.

Appuyé par les jésuites qui ne semblaient pas détester la perspective d'enrichir leur communauté, Legardeur se rendit à Paris à l'automne, en compagnie de Jean-Paul Godefroy, négocier avec les directeurs de la Compagnie des Cent-Associés le transfert du monopole de la traite. L'entente fut prise le 14 janvier 1645 et le roi la ratifia le 6 mars suivant. Le succès de ces négociations revient surtout aux jésuites, notamment au père Charles Lalemant qui avait ses entrées à la cour. Ce qui fit dire à certains historiens auxquels le sens de l'humour ne manquait pas «que les jésuites étaient venus en Nouvelle-France pour convertir les castors».

Grâce à l'aide financière d'Hilaire Leclerc, trésorier de France à Poitiers, Legardeur put charger cinq navires et mettre les voiles pour la Nouvelle-France vers la fin du printemps. Le zèle qu'il déploya lui valut le titre d'amiral, c'est-à-dire de commandant de la flotte.

Dès son arrivée à Québec, Legardeur organisa la Communauté des Habitants, qui ne tarda pas à prendre des allures d'une affaire de famille: tous les directeurs étaient parents par alliance. Pendant deux ans, il fit la navette entre la colonie et la métropole. Il laissait Québec à l'automne avec la cargaison de fourrures obtenues des Amérindiens et réapparaissait au printemps suivant avec les denrées nécessaires à la colonie mais, surtout, avec les biens qui serviraient de monnaie d'échange pour la traite.

Le menu peuple, toutefois, commençait à en avoir assez des avantages dont jouissaient les directeurs de la Compagnie des Habitants. Par l'intermédiaire de Chomedey de Maisonneuve et de Robert Giffard, on protesta et on dénonça leurs agissements. Le 27 mars 1647, le Conseil du roi passa un «règlement pour établir un ordre et police en Canada». Il s'agissait d'un conseil de gestion et de surveillance qui obligea Legardeur à présenter sa comptabilité avant son départ en 1647.

On s'aperçut que ses méthodes comptables manquaient de sérieux et qu'il ne lésinait pas sur les dépenses. On lui fit des remontrances, mais on le laissa en fonction.

* * *

Au cours de son avant-dernier voyage en France, Legardeur de Repentigny se fit donner par les associés de la Compagnie de la Nouvelle-France deux importantes concessions de terre. La première, qui allait devenir la seigneurie de Repentigny, est décrite ainsi dans l'acte de concession:

Quatre lieues de terre à prendre le long du fleuve Saint-Laurent du costé du nord, tenant d'une part aux terres cy-devant concédées aux sieurs Chevrier et LeRoyer en montant le long du dit fleuve Saint-Laurent, depuis la borne, qui sera mise entre les dites terres des sieurs Chevrier et LeRoyer et cellescy à présent concédées jusqu'au dit espace de quatre lieues auquel endroit sera mis une autre borne, la dite estendue de quatre lieues sur six lieues de profondeur dans les terres.

En langage d'aujourd'hui, cela signifiait un quadrilatère de 16 kilomètres (est-ouest) sur 24 kilomètres vers le nord. Si vous jetez un coup d'œil sur une carte routière du Québec, la seigneurie de Repentigny couvrait, approximativement, tout le territoire qui va de Saint-Sulpice, à l'est, à Terrebonne, à l'ouest, et qui s'étire vers le nord jusqu'à Saint-Esprit.

La deuxième concession, beaucoup plus modeste, faisait face à Trois-Rivières, du côté sud du fleuve, *entre la Petite Rivière d'un costé et la Rivière Puante à présent dite Rivière Saint-Michel, d'autre costé... la dite largeur sur le fleuve sur pareille profondeur dans les terres.*

C'est la seigneurie qui prit plus tard le nom de Villiers, puis de Bécancour.

Le brave monsieur Legardeur n'eut pas le temps de s'occuper ni de l'une ni de l'autre de ses seigneuries. Il mourut en mer en revenant en Nouvelle-France, en juillet 1648. Le navire sur lequel il voyageait venait à peine de quitter La Rochelle qu'une épidémie se déclara. Le père Jérôme Lalemant raconte ainsi sa mort dans la *Relation des Jésuites* de 1648 :

> *C'est chose rare que les maladies se jettent dans les vaisseaux qui viennent en ce pays ; si la traversée est un peu rude pour les mers, elle n'a pas coutume d'altérer la santé des corps. Quelque mauvais air pris en France, ou les grandes chaleurs qu'ils ressentirent approchant les Assores, ou la corruption des vivres mal choisis, ou tout cela ensemble leur a causé je ne sais quelle épidémie, qui en a fait mourir quelques-uns, et en a tourmenté un assez bon nombre. Monsieur de Repentigny fut enlevé en moins de douze jours, mais avec une bénédiction toute particulière. Sa mort, dit le Père qui l'a assisté jusqu'à son dernier soupir, a été précieuse devant Dieu, tant il était solidement résigné à ses volontés.*

Lorsque le navire accosta à Québec, son corps fut transféré à l'église paroissiale où il fut inhumé. Bien qu'il ne se rendît peut-être même pas sur ses terres de Repentigny et de Bécancour, il doit être considéré comme le premier seigneur des lieux. L'histoire lui doit au moins cet hommage.

* * *

Marie Favery survécut 27 années à la perte de son mari et ne décéda que le 29 septembre 1675. Elle hérita des seigneuries appartenant à son conjoint qu'elle remit, nous le verrons plus loin, à ses enfants Jean-Baptiste et Charles-Pierre.

Marie était une femme reconnue pour son zèle et sa grande piété, et on lui doit l'établissement de la première Confrérie du Saint-Rosaire en Nouvelle-France. À cet effet, elle remit au curé et aux marguilliers de la paroisse Notre-Dame de Québec un grand tableau de Notre-Dame du Rosaire, un devant d'autel, une chasuble et deux coussins de satin blanc, le tout évalué par le notaire Guillaume Audouart à quelque 300 livres. En échange de quoi le curé s'engageait à célébrer de façon particulière la fête de Notre-Dame du Rosaire, le premier dimanche d'octobre, et à tenir la procession solennelle du saint Rosaire chaque premier dimanche du mois.

* * *

Pierre Legardeur et Marie Favery eurent six enfants.

1. Marie-Madeleine épousa, le 3 octobre 1646, Jean-Paul Godefroy, qui fut tour à tour commis de la traite, délégué de la colonie en France, membre du Conseil de Québec et amiral de la flotte. Les deux moururent le même jour, le 23 octobre 1668, ne laissant qu'une fille, Marie-Charlotte, qui se fit religieuse ursuline sous le nom de mère Charlotte du Saint-Sacrement.

2. Catherine épousa, pour sa part, Charles-Joseph d'Ailleboust des Musseaux le 16 septembre 1652. Ils eurent 14 enfants. Charles-Joseph décéda à Montréal le 20 novembre 1700, tandis que Catherine lui survécut jusqu'au 30 novembre 1709.

3. Jean-Baptiste devint le deuxième seigneur de Repentigny. Nous verrons son histoire au chapitre 4.

4. Charles-Pierre fit la traite des fourrures dans l'Ouest pendant plusieurs années et, après partage avec son frère, il hérita de la seigneurie de Villiers en face de Trois-Rivières. Il se maria deux fois. Tout d'abord avec Marie Macart le 18 janvier 1663, à Québec, qui lui donna deux enfants; Jeanne mourut avant l'âge de trois ans, tandis que Marie-Charlotte devint baronne de Portneuf à la suite de son mariage avec Pierre Robineau de Bécancour. Marie mourut le 13 février 1667 et Charles-Pierre se remaria, le 2 décembre 1669, avec Jeanne-Judith de Matras avec laquelle il n'eut pas d'enfant. Il décéda à Trois-Rivières le 23 septembre 1684.

5. Le cinquième enfant de Pierre Legardeur naquit le 29 janvier 1639 et fut baptisé Ignace. Il mourut à l'âge de cinq ans, le 5 juin 1644.

6. Ainsi, lorsque naquit le dernier enfant de la famille au début de l'année 1648, Marie décida-t-elle de le prénommer Ignace lui aussi. Il ne connut pas son père, qui mourut en mer à son retour de France cette année-là. Ignace étudia au collège des jésuites de Québec et, plus tard, il retourna en France où il entra dans l'armée. La dernière mention qui est faite de son nom tient dans un acte notarié enregistré à Paris

Chapitre 2

Les accompagnateurs

Avant d'aborder la vie de Jean-Baptiste, deuxième seigneur de Repentigny, voyons ce qu'il advint de ces autres personnages qui accompagnaient Pierre Legardeur à son arrivée en Nouvelle-France, ce 11 juin 1636. Je veux parler de son frère Charles Legardeur de Tilly, de son beau-frère Jacques LeNeuf de La Poterie et du frère de celui-ci, Michel LeNeuf du Hérisson.

Même s'ils ne furent pas mêlés au développement éventuel de la seigneurie de Repentigny, ils jouèrent tous un rôle important dans le développement de la colonie, en particulier comme membres du Conseil de la Nouvelle-France et de la Communauté des Habitants.

* * *

Charles Legardeur de Tilly avait environ vingt-deux ans quand il mit le pied en terre québécoise. Tout comme son frère, il était un navigateur de talent si bien qu'en 1645, il commandait un navire qui faisait la navette entre Québec et la métropole.

Il abandonna bientôt cette fonction pour prendre la charge de gouverneur de Trois-Rivières, poste qu'il occupa de 1648 à 1650. Après ce court mandat, il retourna vivre à Québec et s'associa à François Byssot et Jean-Paul Godefroy pour chasser le loup-marin à Tadoussac et faire la traite des fourrures. Voulant sans doute élargir ses horizons, il se rendit en France, en 1650, pour obtenir de la Compagnie des Cent-Associés le monopole de la pêche à l'embouchure de la rivière Saguenay.

Comme tous ceux qui pratiquaient la traite des fourrures avec les Amérindiens, Charles Legardeur comprit rapidement que l'eau-de-vie constituait la monnaie d'échange par excellence. Il s'associa donc, avec d'autres membres de sa famille, au clan du gouverneur Saffray de Mézy pour mousser cette vente qui faisait fructifier ses activités commerciales.

Ayant, malgré tout, une bonne réputation, Charles devint conseiller sous le gouvernement de Frontenac, qui le prit en amitié et lui confia le commandement militaire de Québec pendant que lui voyagerait dans la région du lac Ontario, en 1673. À son retour, Frontenac le nomma membre à vie du Conseil souverain.

Mais ces bonnes relations n'allaient pas durer. À la suite de divergences de vue entre le gouverneur et l'intendant Jacques Duchesneau, Frontenac somma Charles Legardeur de se retirer de Québec. Il alla donc s'installer chez son beau-frère Nicolas Juchereau de Saint-Denis, à Beauport.

Les deux adversaires finirent par mettre de l'eau dans leur vin: Frontenac, parce qu'il avait reçu des remontrances du roi et Legardeur, parce qu'il avait besoin de travailler pour subvenir aux besoins de sa nombreuse famille. Il retrouva donc ses fonctions au Conseil souverain et occupa son poste jusqu'en 1688.

Charles Legardeur s'était marié à Québec, le 1er octobre 1648, avec Geneviève Juchereau de Maur. Elle lui apportait en dot la terre de l'anse Saint-Michel dont elle venait d'hériter de son oncle Noël Juchereau des Chatelets. Il la garda durant trente ans avant de la vendre au Séminaire de Québec, en 1678.

Geneviève donna naissance à quinze enfants et Charles, malgré ses activités commerciales, eut beaucoup de difficulté à faire vivre sa famille. Frontenac écrivit qu'il fut ruiné par les Iroquois qui l'avaient pillé pendant les guerres. Ils vécurent donc fort pauvres dans un dénuement qui confinait à la misère.

Deux des fils de Geneviève et de Charles marquèrent, à leur façon, la vie militaire de la Nouvelle-France: Pierre-Noël et René.

L'aîné, Pierre-Noël, fit une assez belle carrière dans l'armée. Né en 1652, on le retrouve enseigne des Compagnies franches de la Marine en 1688 avant d'accéder aux rangs de lieutenant et de capitaine. Callière, le gouverneur de Montréal, remarqua en lui les talents d'un «bon officier».

Mais la carrière militaire n'était pas ce qu'il y avait de plus payant à l'époque. De ses deux mariages, avec Marguerite Volant d'abord puis avec Madeleine Boucher, la fille de Pierre Boucher, il eut quinze enfants qui vécurent dans la misère. Pour remédier à la situation, il tenta illégalement sa chance dans la traite des fourrures. Pris sur le fait, le Conseil souverain le condamna à 2000 livres d'amende en 1679, ce qui n'aida en rien ses affaires. Dix ans plus tard, il succéda néammoins à son père à ce Conseil, mais dut céder sa place à Charles

Aubert de La Chesnaye pour régler une dette de 6500 livres que lui et son père avaient contractée à l'égard de ce dernier.

Un autre fils de Charles, René, suivit une carrière similaire à celle de son frère, partageant son temps entre le service militaire et la traite des fourrures. En 1683, à l'âge de 23 ans, il se rendit au pays des Illinois pour négocier l'achat de peaux de castors, mais il revint bredouille après avoir été pillé par les Iroquois sur le chemin du retour. Au cours des années suivantes, il participa à plusieurs expéditions dans le but de soumettre cette nation amérindienne, puis il rentra à Montréal d'où il dirigea son commerce des fourrures. Il demeura toutefois un militaire et, en 1696, il accompagna le gouverneur Frontenac dans une nouvelle expédition. Ses supérieurs reconnurent ses qualités et on le fit capitaine des Compagnies franches de la Marine. C'est à ce titre qu'il servit au fort Saint-Joseph dans l'État actuel du Michigan et qu'il commanda le fort Frontenac (à Kingston, en Ontario) de 1728 à 1736. Il finit paisiblement ses jours à Montréal, où il mourut en 1742 à l'âge vénérable de quatre-vingt-deux ans.

* * *

Jacques LeNeuf de La Poterie avait eu la bonne idée de se faire concéder la seigneurie de Portneuf avant son départ de France en 1636, mais la concession en question ne sera confirmée officiellement que onze ans plus tard.

Après avoir vécu quelques années à Québec avec son épouse Marguerite Legardeur, sœur de Pierre et de Charles, il s'installa à Trois-Rivières en 1640. Il y occupa, à plusieurs reprises, le poste de gouverneur suppléant et de commandant de la milice.

En 1666, il s'embarqua sur le *Moulin d'Or* pour un voyage qui devait le mener d'abord en Acadie, puis en France. Là, il demanda au roi Louis XIV de confirmer ses titres de noblesse, ce qu'il fit, mais le Conseil souverain de la Nouvelle-France tarda à les enregistrer. La chose ne fut faite qu'en 1675!

Comme les autres membres de la Communauté des Habitants, Jacques LeNeuf s'intéressa à la traite des fourrures et au trafic de l'eau-de-vie. On a dit de lui qu'il était un commerçant particulièrement dur, ce que viennent confirmer les nombreux démêlés qu'il eut avec la justice.

* * *

Arrivé lui aussi en Nouvelle-France en 1636, Michel LeNeuf du Hérisson s'installa à Trois-Rivières cette même année. Il était célibataire ou veuf, on ne le sait trop, mais il avait une fille de quatre ans prénommée Anne dont on ignore si elle était sa fille adoptive ou naturelle.

Michel se fit accorder plusieurs concessions de terres, dont le fief Dutour, 50 arpents (17 hectares) de terres le long du fleuve Saint-Laurent à Trois-Rivières, le fief du Vieux-Pont et une partie de la seigneurie du Cap-des-Rosiers en Gaspésie qu'il partageait avec son frère, les Legardeur et plusieurs autres habitants.

Selon le recensement de 1667, il possédait 100 arpents (34 hectares) de terres à Trois-Rivières qu'il faisait cultiver par des fermiers locaux de même qu'un moulin à farine. De tempérament violent et sans doute aussi retors que son frère, Michel LeNeuf devait sans cesse se présenter en cour pour régler ses conflits. Sébastien Dodier, Guillaume Isabel et les jésuites lui intentèrent des procès qui firent les beaux jours des annales judiciaires de Trois-Rivières.

Sa vie publique était donc fort active. En 1661, il profita du fait que son frère était gouverneur suppléant et que son beau-frère Charles Legardeur était membre du Conseil souverain pour se faire nommer lieutenant général civil et criminel de Trois-Rivières. Quelques années plus tard, il devint juge royal en remplacement de Pierre Boucher.

Avec les postes de commande bien en main, les frères LeNeuf y allèrent de quelques abus, ce qui leur créa de nombreuses difficultés. De mai 1665 à mai 1666, Michel fut suspendu de son poste à la suite d'une enquête sur la traite de l'eau-de-vie avec les Indiens. On prouva que Marguerite Legardeur, sa belle-sœur, était l'une des têtes dirigeantes de ce florissant commerce. Il réintégra toutefois ses fonctions et les conserva jusqu'en 1672, année que l'on suppose être celle de sa mort. L'on n'a jamais retrouvé son acte de sépulture.

Chapitre 3

Les Compagnies franches de la Marine

Faire la guerre en Europe et défendre une colonie comme la Nouvelle-France sont deux choses tout à fait différentes. On a tous vu ces images de batailles à l'européenne où des lignes d'infanterie s'avancent dans la plaine face à celles de l'ennemi. Dès qu'on est à portée de fusil, on ouvre le feu. Des rangs complets de militaires sont ainsi tués. Cela peut paraître ridicule mais c'était, en fait, la seule façon d'utiliser efficacement les armes à feu qui ne commençaient à être redoutables que sur une distance d'une centaine de mètres. De plus, les armes étaient trop imprécises pour atteindre une cible particulière. Ce qu'il fallait, c'était une masse qui tirait sur une autre masse.

Dans les forêts de la Nouvelle-France, cette stratégie militaire ne pouvait être appliquée. Il n'y avait pas de route et on ne pouvait pas compter sur les Iroquois pour se mettre en rangs d'oignons dans le but de se faire massacrer. Les officiers venus de France comprirent bien vite que ce qu'on leur avait enseigné dans les écoles militaires ne voulait plus rien dire ici.

Il fallait donc concevoir une nouvelle façon de faire la guerre. Et qui mieux que les Canadiens, qui connaissaient bien les habitudes des Amérindiens, pouvaient adapter la stratégie européenne à l'environnement géographique de la Nouvelle-France! Si les Legardeur contribuèrent sans doute à mettre au point de nouvelles tactiques, l'histoire a cependant retenu les noms de deux autres personnages : Charles Le Moyne d'Iberville et François Hertel de la Fresnière. L'un et l'autre eurent une influence déterminante en cette matière.

* * *

Selon Charles Le Moyne d'Iberville et François Hertel de la Fresnière, il s'agissait d'assimiler les tactiques des Autochtones et de les allier à la discipline européenne. On laissait au soldat une indépendance et une part de responsabilité, ce qui n'avait rien à voir avec la façon de faire en Europe. En Nouvelle-France, il fallait se déplacer rapidement, par petits groupes, approcher l'ennemi sans se faire voir, le surprendre puis battre en retraite aussitôt. C'était l'attaque à la façon des Amérindiens doublée d'une coordination parfaite et d'une discipline raisonnée. La retraite rapide empêchait l'ennemi de rattraper la troupe tout en lui permettant de la suivre à la trace. La compagnie avait alors le temps de tendre un guet-apens meurtrier.

* * *

Le ministre de la Marine qui, à cette époque, était chargé de l'administration de la colonie, eut donc l'idée de créer un corps particulier, organisé en compagnies indépendantes, administrées directement par leur capitaine et destinées à servir de garnison dans les vastes territoires du continent. On les a appelées les Compagnies franches de la Marine.

Les soldats étaient recrutés en France et, à l'issue de leur contrat, on les incitait fortement à s'installer dans la colonie. Les officiers, pour leur part, étaient recrutés dans les familles canadiennes et constituaient donc un corps d'encadrement parfaitement adapté au pays et fortement motivé pour sa défense.

À la fin des années 1600, la Nouvelle-France comptait 28 compagnies, tandis que trois étaient installées en Acadie et deux autres en Louisiane. En tout, elles formaient un corps d'élite de 1376 hommes. En 1750, leur nombre aura passé à 30 en Nouvelle-France, à 24 en

Acadie et à 35 en Louisiane pour un total de 5000 hommes.

Chaque compagnie était formée sur un modèle unique déterminé par la métropole. Elle comprenait, dans l'ordre d'autorité, un capitaine, un lieutenant, un enseigne, deux sergents, trois caporaux, trois «anspessades», une quarantaine de soldats, deux cadets et deux tambours. Parmi les officiers supérieurs s'ajoutaient parfois un capitaine réformé et un lieutenant réformé. Il s'agissait d'officiers qui furent mis à pied vers la fin des années 1680 quand sept compagnies furent abolies et qui agissaient comme surnuméraires. Les derniers de ces officiers prirent leur retraite au cours des années 1720.

Vers les années 1680, les familles d'officiers établies au pays prirent l'habitude de fournir leurs jeunes fils pour servir de cadets dans les compagnies. Ces derniers, qui avaient la paye de soldats, devinrent de plus en plus nombreux, ce qui finit par causer problème. Vers 1725, le roi corrigea la situation en limitant leur nombre et, en 1731, il émit une ordonnance royale établissant que les compagnies ne pouvaient compter sur plus d'un cadet. On contourna le problème en créant les «cadetssoldats», genre de cadets en second qui seront finalement réglementés à leur tour à un par compagnie à partir de 1750.

En 1683, tous les officiers étaient français, mais la situation changea rapidement. En 1690, le quart d'entre eux étaient nés au Canada et la proportion passa à la moitié en 1720 et aux trois quarts en 1750.

* * *

La paye que recevaient les soldats était bien mince, sans compter qu'elle était sujette à certaines déductions pour le logement, la nourriture, l'état-major et la caisse des Invalides de la Marine. De 1680 à 1750, soit pendant quelque 70 ans, le salaire d'un soldat resta inchangé à 9 livres par mois ou 108 livres par an, avant déductions. C'est bien peu en comparaison d'un journalier qui gagnait 360 livres par an ou d'un forgeron qui en gagnait 1000! Disons de plus que le salaire lui était versé tous les trois mois durant une revue de la compagnie par l'état-major. Et seuls les soldats présents le touchaient!

La plupart des soldats ne se contentaient pas de cette maigre paye. Ils se cherchaient un revenu d'appoint. Ceux qui le pouvaient travaillaient chez un particulier ou à la construction de fortifications. Ceux qui avaient un métier essayaient d'en tirer profit. Les plus instruits pouvaient tenir les livres chez les marchands, par exemple. Pour pouvoir ainsi travailler à l'extérieur du cadre de l'armée, il fallait obtenir la permission du capitaine, qui l'accordait volontiers s'il n'y avait pas d'urgence. Mais, en échange, il gardait pour lui le solde en dédommagement! Peu importe, le soldat était alors assuré d'un salaire cinq ou six fois supérieur.

Quant aux soldats qui tenaient garnison dans les postes des Grands Lacs et de l'Ouest, ils avaient la possibilité de faire un peu de traite et de revenir ainsi à Montréal avec un lot de fourrures qui pouvait valoir une centaine de livres.

*   *   *

Le recrutement de soldats en France avait également un autre but: on voulait, si possible, en faire des colons. Entre 1683 et 1755, on évalue à 7800 le nombre de soldats qui sont venus en Nouvelle-France et on croit, généralement, qu'entre 2000 et 3000 d'entre eux s'y sont établis. À la fin de leur contrat, les soldats démobilisés et mariés recevaient de l'aide de la part des autorités. Ils pouvaient obtenir des terres dans les seigneuries. Ils avaient droit à une allocation pour la nourriture, du matériel aratoire et une vache. On leur offrait même le service de quelques hommes de troupe pour les aider à construire leur maison. Aux soldats des Compagnies franches de la Marine, on versera, de plus, un an de solde et, à partir de 1726, on fournira un fusil de chasse.

*　*　*

Avant 1715, le gouverneur décidait si un soldat pouvait ou non se marier. Les effectifs étaient trop limités pour qu'on accorde ce privilège à tous. Cette année-là, l'évêque s'en mêla. Pour monseigneur Duplessis de Mornay, le mariage était, d'abord et avant tout, une affaire religieuse et il n'hésita pas à se passer de permission pour marier plusieurs officiers et soldats. Réprimandé un beau jour par le gouverneur Vaudreuil qui l'accusa de ne pas tenir compte des ordres du roi, l'évêque célébra le mariage d'un soldat quelques jours plus tard. Pour lui, la morale publique exigeait le mariage des militaires pour ne pas que la colonie soit

Chapitre 4

Jean-Baptiste Legardeur s'installe à Repentigny

Le territoire de la seigneurie de Repentigny avait été accordé à Pierre Legardeur en 1647 mais ni lui, qui mourut l'année suivante, ni son épouse, qui en hérita, ne purent l'exploiter. Il faut dire qu'à cette époque, les problèmes avec les Iroquois rendaient dangereuses les tentatives d'établissement isolé. À tout moment, on pouvait s'attendre à des attaques et il fallait donc être constamment sur ses gardes. Tout le long du fleuve Saint-Laurent, que ce soit aux alentours de Montréal, de Trois-Rivières ou de Québec, les habitants qui travaillaient la terre devaient avoir un fusil à portée de la main. Encore là, cette précaution n'était pas toujours suffisante puisque les Iroquois, les principaux ennemis des Français à l'époque, n'avaient pas l'habitude de s'annoncer avant d'attaquer.

La seigneurie de Repentigny demeura donc à peu près inexploitée jusqu'au début des années 1670 lorsque Marie Favery la céda à ses deux fils: Jean-Baptiste, l'aîné, et Charles-Pierre.

* * *

Jean-Baptiste était âgé de quatre ans lors-qu'il arriva en Nouvelle-France avec ses parents. Il vécut à Québec. Parvenu à l'âge adulte, il se mêla, comme un peu tout le monde dans la famille, à la traite des fourrures. C'était un rude métier, non seulement à cause des voyages et des relations parfois tumultueuses avec les Amérindiens, mais également à cause des privilèges que les Français se disputaient entre eux. Ainsi, en 1660, Jean-Baptiste fut accusé par Jean Perrone Dumesnil d'avoir tué son fils Michel d'un coup de pied en pleine figure au cours d'une querelle au sujet de la traite des fourrures et de l'alcool. Heureusement pour lui, il ne semble pas y avoir eu de suites à cette accusation.

En 1656, Jean-Baptiste épousa Marguerite Nicollet, la fille de l'illustre explorateur Jean Nicollet. En vingt-huit ans, elle donna naissance à vingt et un enfants, dont douze n'atteignirent pas l'âge de six ans ! Plusieurs moururent même dans leurs premiers mois de vie. Il faut dire que les conditions d'accouchement n'étaient pas, à l'époque, ce qu'elles sont aujourd'hui.

* * *

Jean-Baptiste conserve l'honneur de revendiquer le titre de premier maire de Québec, même s'il n'occupa cette fonction que durant un mois.

Le 20 septembre 1663, le Conseil souverain décida en effet qu'il serait bon que «le service du Roi et du bien public» fut assuré par «des personnes de probité requise et de fidélité connue pour avoir soin des intérêts communs de la Communauté des Habitants de Québec». À l'issue de la grand-messe du dimanche 7 octobre, on réunit donc tous les habitants et l'on procéda à l'élection. C'est Jean-Baptiste qui fut élu maire, tandis que Jean Madry et Claude Charron de la Barre furent désignés échevins.

Un mois plus tard, le Conseil souverain changea son fusil d'épaule. On fit valoir que l'agglomération de Québec n'était ni assez grande ni assez peuplée pour s'encombrer d'une telle structure politique. On annula tout simplement l'élection.

* * *

En mai 1670, sa mère, Marie Favery, qui commençait à prendre de l'âge, décida de se débarrasser des deux seigneuries que son époux lui avait laissées. Elle fit de Jean-Baptiste et de Charles-Pierre ses successeurs. Les deux frères s'entendirent entre eux pour se partager les terres en question: Charles-Pierre conserverait la seigneurie de Villiers en face de Trois-Rivières, tandis que Jean-Baptiste deviendrait seul propriétaire de la seigneurie de Repentigny.

N'ayant pas les moyens d'exploiter la seigneurie de Repentigny et ne voulant pas prendre le risque de se la voir enlevée s'il ne remplissait pas les conditions de l'acte de concession, Jean-Baptiste usa d'un moyen fort habile. Une semaine à peine après avoir été reconnu seigneur de la place, il céda à Charles Aubert de La Chesnaye, un riche marchand de Québec, la plus grande partie de son territoire. Il ne conserva pour lui qu'une toute petite partie comprise entre la rivière L'Assomption et le fleuve Saint-Laurent, en quelque sorte, le territoire actuel de la ville de Repentigny. En échange, monsieur de La Chesnaye s'engagea à remplir, dans les plus brefs délais, toutes les conditions de l'acte de concession de 1647.

Jean-Baptiste s'installa à Repentigny avec sa famille et, en moins de dix ans, il réussit à y établir une petite communauté fort vivante. Le recensement de 1681 nous en apprend beaucoup sur les efforts qui y furent déployés. La seigneurie comptait alors 106 personnes, soit 51 adultes et 55 enfants.

Jean-Baptiste déclarait avoir cinquante ans et sa femme, Marguerite, quarante. Dix enfants, tous des garçons, vivaient avec eux: Pierre, Jean-Paul, Augustin, Alexandre, Jean-Baptiste, Michel, François, Charles, René et Simon. Le seigneur possédait 10 fusils, 30 bêtes à cornes et 100 arpents de terre défrichée (34 hectares).

Vingt-neuf habitants travaillaient pour lui. Ils avaient déjà défriché 233 arpents (80 hectares) de terre. Il s'agissait de:

Pierre Rivière	Pierre Dardennes	Germain Gautier
Pierre Picard	Jean Jallot	Jean Brodeur
Bernard Delpeche	Jean Verger	Roch Touin
Jean-Baptiste Pilon	Gilles Cadieu	Pierre Richaume
Paul Perrot	Gilles Monin	Martin Taboureau
Louis Mongrault	Robert Desmarres	Pierre Ratel
Vincent Morisseau	Louis Joan	Jean Letellier
Jacques Grassiot	Jean Sauveau	Jacques Pigeon
Guillaume Cournay	Adrien Bétourné	Louis Jean
Jacques Joubert	Jacques Monceaux	

Mais il faut croire que la seigneurie ne rapportait pas suffisamment pour nourrir une si nombreuse progéniture. Jean-Baptiste poursuivit donc une carrière militaire. Il devint lieutenant des troupes coloniales en 1688, capitaine en 1692 et garde de la marine en 1694. Il prit sa retraite en 1702, et le roi lui octroya une pension annuelle de 600 livres qui devait lui être payée en France. Messieurs de Callière et Champigny demandèrent qu'elle lui soit versée au Canada. Les historiens n'ont jamais trouvé trace de la décision, si bien qu'on ne sait toujours pas si cette pension lui a été versée ou non.

* * *

Le 16 juin 1703, une déclaration du roi ordonnait que le Conseil souverain fût, à l'avenir, composé du gouverneur, de l'évêque, de l'intendant et de douze conseillers. On procéda donc aux nominations et le nom de Jean-Baptiste Legardeur fut inscrit sur la liste des suppléants possibles. Il obtint un poste en 1705, deux ans à peine avant de mourir à Montréal, à l'âge de soixante-dix-sept ans

Quant à Marguerite, sa femme, elle lui survécut jusqu'au 21 janvier 1722.

En 1689, le gouverneur Frontenac, qui était pourtant assez peu porté aux compliments, fit l'éloge de Jean-Baptiste dans une lettre adressée au ministre des Colonies. Il lui demandait son aide pour lui permettre de vivre honorablement.

> *Il y a longtemps que j'ai une estime et une amitié particulières pour M. de Repentigny et pour toute sa famille. C'est une des plus anciennes et la première Noble qui soit venue s'établir en Canada. [...] Il est présentement incommodé et chargé d'une nombreuse famille ayant onze garçons dont six ou sept dans le service, tous fort braves et bien intentionnés. [...] Si vous aviez la bonté de procurer quelque gratification au Père comme on en accordait autrefois à ceux qui avaient un aussi grand nombre d'enfants qu'il en a, elle lui aiderait à subsister et à l'entretenir, ce qu'il a peine à faire.*

* * *

Jean-Baptiste et Marguerite avaient eu vingt et un enfants. La bonne tenue des registres paroissiaux ont permis aux historiens de retrouver leur trace.

1. Pierre Legardeur de Repentigny, né à Québec le 10 mars 1657, deviendra le troisième seigneur de Repentigny. Nous verrons son histoire au chapitre suivant.

2. Guillaume est né à Québec, le 3 juin 1658, et est décédé le lendemain.

3. Marie-Anne est née à Québec, le 14 juin 1659, et ne vécut que jusqu'au 9 juillet de la même année.

4. Jean-Paul Legardeur de Saint-Pierre est né à Québec le 3 octobre 1661. Il connut de grands succès comme militaire et comme conseiller des gouverneurs de la Nouvelle-France auprès des Amérindiens. En 1688, il reçut le grade d'enseigne des Compagnies franches de la Marine et celui de lieutenant l'année suivante. Après 1690, presque toute sa carrière se déroula dans les territoires de l'Ouest, autour des Grands Lacs. Il reçut le commandement d'une compagnie le 5 mai 1710 et fut responsable du fort de Chagouamigon puis de celui de Michillimakinac, où il mourut au cours de l'hiver 1722-1723.

Marié à Marie-Josette Leneuf de la Vallière en 1692, Jean-Paul eut cinq descendants.

– Marguerite épousa un marchand de Québec, Henri Huché. Elle décéda à Saint-Pierre de l'île d'Orléans en 1752.

– Agathe, née en 1696, mourut à Montréal en 1729, deux années seulement après avoir épousé Antoine Pacaud.

– Antoinette-Gertrude est née à Repentigny en 1698 et est décédée à Montréal en 1734.

– Marie-Anne, née en 1699, épousa Charles Nolan de la Marque en 1727 et mourut en 1742. Ils eurent cinq enfants.

– Enfin Jacques, né en 1701, eut une carrière plus glorieuse que celle de son père. En 1735, il commandait le fort Beauharnois au Manitoba. En 1750, on le chargea de poursuivre les découvertes de La Vérendrye dans l'Ouest, mais il ne parvint pas au succès espéré. L'année suivante, à titre de commandant du fort La Reine, au Manitoba toujours, il s'illustra lors d'une tentative d'invasion des Amérindiens de la tribu des Assiniboines. (*Voir l'encadré « Le feu aux poudres ».*)

Le feu aux poudres

L'anecdote suivante est rapportée par René Chartrand dans son livre *Le Patrimoine militaire canadien d'hier à aujourd'hui* (Art Global) et illustre bien à la fois les dangers de la vie militaire et les ruses qu'on devait déployer pour contrer les attaques des Indiens.

La vie des quelques officiers et soldats postés dans les petits forts des Prairies, entourés de nations amérindiennes aux humeurs changeantes, était loin d'être de tout repos. L'incident suivant, survenu au fort La Reine, illustre bien jusqu'à quel point il fallait à ces hommes des nerfs d'acier pour survivre.

Vers la fin de l'année 1751, le fort n'avait pour toute garnison que cinq soldats français, commandés par le capitaine Jacques Legardeur de Repentigny, des Compagnies franches de la Marine. C'était un homme qui avait acquis une grande expérience dans les relations avec les Amérindiens et qui était décoré de la croix de Saint-Louis.

Un matin, donc, quelque 200 guerriers assiniboines font irruption dans le fort. Le commandant court vers eux, leur dit «vertement» qu'ils sont bien hardis d'entrer ainsi, met à la porte les plus insolents, demande aux autres de sortir et retourne dans son quartier. Mais un soldat vient bientôt l'avertir qu'ils ont pris le corps de garde et se sont emparés des armes qui s'y trouvaient. Repentigny se dirige à la hâte vers eux et les interpelle de nouveau. Cette fois, il apprend que les Assiniboines ont l'intention de le tuer et de piller le fort. Sans perdre un instant, Repentigny saisit un tison au feu ardent, se précipite dans la poudrière et ouvre un baril.

Les Assiniboines qui le suivent s'arrêtent net quand ils le voient leur faire face en promenant le tison au-dessus de la poudre! Repentigny rapporte ensuite avoir fait dire aux Amérindiens par son interprète «d'un ton assuré, que je ne périrais pas par leurs mains, et qu'en mourant, j'aurais la gloire de leur faire tous subir mon même sort. Ces sauvages virent plutôt mon tison et mon baril de poudre défoncé qu'ils n'entendirent mon interprète. Ils volèrent tous à la porte du fort, qu'ils ébranlèrent considérablement, tant ils sortirent avec précipitation. J'abandonnai vite mon tison, et n'eut rien de plus pressé que d'aller fermer la porte de mon fort».

Les Français passèrent «tranquillement» l'hiver sur place, mais décidèrent finalement d'évacuer le fort au printemps 1752, car, nous dit Repentigny, «il n'aurait pas été prudent d'y laisser des Français». En effet, quatre jours après leur départ, les Assiniboines le brûlèrent.

À son retour à Montréal, on l'envoya presque aussitôt en Virginie prendre la relève de

Paul Marin qui venait d'y mourir. Il eut l'occasion d'y rencontrer un personnage qui allait devenir célèbre, George Washington, futur président des États-Unis. Celui-ci venait sommer les Français de quitter la colonie anglaise. Jacques Legardeur refusa par une réponse courtoise mais ferme. Il mourut en 1755 à la bataille de Saint-Sacrement (lac George) qui opposait les Français et les Anglais pour le contrôle de l'Amérique du Nord.

Jacques avait épousé, en 1738, Marie-Joseph Guillimin, mais le couple n'eut pas d'enfants.

5. Augustin Legardeur de Courtemanche est né à Québec, le 16 décembre 1663. Il prit part à la défense de Québec attaqué par Phips, en 1690. En 1698, monsieur de Callière le chargea de se rendre en France pour apprendre au ministre des Colonies la mort de Frontenac et de demander pour lui le commandement général de la Nouvelle-France. Sa mission fut couronnée de succès.

Son mariage avec Marie-Charlotte Charest donna une nouvelle orientation à sa vie. À la mort de son premier mari, elle avait hérité de concessions et d'acquisitions qu'il avait au Labrador. Augustin fit ajouter une concession importante et commença des exploitations de pêche qui lui demandèrent des capitaux considérables. Le roi le nomma commandant de la côte du Labrador en 1714. Il y décéda en 1717, au moment où il allait retirer quelques profits des dépenses énormes qu'il avait faites dans cette région inhospitalière.

6. Charles est né à Québec, le 28 novembre 1664, et est décédé le 17 décembre suivant.

7. Alexandre est né à Québec, le 15 janvier 1666. Officier dans les troupes du détachement des Compagnies franches de la Marine, il fut tué par les Iroquois dans les environs de Montréal le 22 juillet 1692, à l'âge de vingt-six ans. Il était célibataire.

8. Charles (le deuxième de ce nom) est né à Québec, le 9 février 1667, et est décédé le 10 mars.

9. Jean-Baptiste est né à Québec, le 26 février 1668. Tout ce que l'on sait de lui, c'est qu'il était toujours vivant lors du recensement de 1681. Par la suite, on perd sa trace.

10. Michel Legardeur d'Alonceau est né à Boucherville, le 11 août 1671. On ignore tout

de sa vie. On sait seulement qu'il est décédé à Montréal le 1er mai 1701.

11. Charles-Joseph est né à Boucherville, le 13 janvier 1673, et est décédé le 6 novembre 1679.

12. Louis est né au même endroit, le 17 novembre de la même année, et est décédé à Montréal le 17 avril 1676.

13. François Legardeur de Mutrécy est né à Repentigny, le 28 janvier 1675. Il prit le nom de Mutrécy en souvenir du fief que possédait autrefois sa famille près de Falaise, en France. En 1702, il accompagna le sieur Juchereau à son nouvel établissement de la rivière Ouabache où il voulait y établir des tanneries. Une épidémie se déclara parmi les ouvriers et il est fort possible que François y succomba, puisqu'on ne trouve aucune trace de lui par la suite.

14. Marie-Marguerite est née le 19 novembre 1675, à Repentigny, et est décédée à Montréal le 24 novembre de l'année suivante.

15. Charles Legardeur de Croisille est né à Boucherville, le 23 avril 1677. Nommé enseigne en 1710, il fut promu lieutenant en 1727, puis capitaine en 1741. En 1709, il avait épousé

sa cousine Marie-Anne-Geneviève Robineau de Portneuf et ce mariage le fit hériter de la seigneurie de Portneuf, qu'il vendit en 1741 à Eustache Lambert Dumont et Charlotte-Louise Petit, sa femme. Il décéda à Trois-Rivières, le 3 décembre 1749. Le couple avait eu treize enfants.

16. René est né en 1678 et on dit qu'il fut tué en 1695.

17. Joseph est né à Boucherville, le 5 novembre 1679 et il a dû mourir au cours de l'année suivante, puisque l'on ne retrouve pas son nom lors du recensement de 1681.

18. Simon est né à Repentigny, le 17 novembre 1680 et est décédé à Montréal, le 23 janvier 1683.

19. Noël est né à Repentigny, le 11 février 1682 et l'on ne trouve plus aucune trace de lui.

20. Marie-Anne est née à Repentigny, le 17 avril 1683 et est décédée au même endroit, le 5 juin 1684.

21. Joseph-Narcisse est né le 13 juin 1684 et est probablement décédé en bas âge.

Chapitre 5

Une troisième génération: Pierre mais surtout Agathe

Pierre Legardeur de Repentigny, fils aîné de Jean-Baptiste, s'inscrit bien dans la lignée familiale. Comme la majorité des garçons, que ce soit des oncles, des cousins ou des frères, c'est dans les armes qu'il fit valoir ses principaux talents. Mais comme seigneur de Repentigny, c'est à son épouse, Agathe de Saint-Père, qu'il confie la responsabilité de gérer l'affaire. Il faut bien dire que l'histoire a retenu de lui qu'il était «indolent et assez conciliant» quand venait le temps d'acheter de nouvelles terres ou d'en concéder des parcelles pour les faire exploiter.

Né le 10 mars 1657, Pierre Legardeur commença sa carrière militaire comme «petit officier» avant de devenir enseigne dans les troupes des Compagnies franches de la Marine en 1685, l'année même de son mariage. Il aurait assumé cette tâche pendant deux ans avant d'obtenir une commission de capitaine de milice, qui lui fut octroyée par Brisay de Denonville. À ce titre, il participa à une expédition contre les Iroquois. L'année suivante, on le nomma lieutenant réformé.

Au moment où les Iroquois prenaient leur revanche en semant la terreur dans la colonie par le massacre de Lachine, Denonville résolut d'abandonner le fort Frontenac trop exposé qu'il était aux attaques iroquoises. C'est Legardeur qui fut chargé de porter les ordres de retraite au commandant du fort, Clément Du Vuault de Valrennes.

En 1691, Frontenac le nomma lieutenant en pied et, en 1693, on le retrouve à la tête d'un détachement de 600 Français et Amérindiens chargé d'aller attaquer les Iroquois. On brûla trois villages et on fit de nombreux prisonniers. En récompense de ses succès sans doute, on nomma Pierre Legardeur garde-marine l'année suivante. Enfin, le 27 mai 1706, il accéda au grade de capitaine, poste qu'il occupa jusqu'à la fin de sa vie.

En 1722, monsieur Rigaud de Vaudreuil faisait son éloge à l'occasion d'une évaluation des officiers en poste en Nouvelle-France: «Il a très bien servi. Il est encore fort bon officier, mais plus propre à servir dans une place qu'à marcher en campagne.» En d'autres mots, il voulait dire que son serviteur était encore apte à commander des troupes dans un fort, mais non à participer à des expéditions. Il faut dire qu'il avait alors soixante-cinq ans.

* * *

Le 20 septembre 1680, quelques années avant son mariage, Pierre Legardeur avait reçu de son père l'île Bourdon, située près du domaine familial. À cette possession s'ajouta, le 4 juin 1706, un sixième de la seigneurie de Repentigny, don de son oncle Ignace. Il pouvait ainsi revendiquer le titre de coseigneur. Mais, comme nous l'avons vu plus tôt, c'est son épouse qui avait vraiment pris en charge les rennes du pouvoir familial.

Cette Agathe de Saint-Père a eu une vie plutôt tumultueuse qui vaut la peine d'être racontée.

Elle était la fille de Jean de Saint-Père et de Mathurine Godé, tous deux établis à Montréal. Son père était arrivé à Ville-Marie en 1643, année suivant la fondation de l'établissement par Paul Chomedey de Maisonneuve. Il avait choisi cette aventure «afin de contribuer à la conversion des Sauvages*» comme il le disait lui-

---

*   Étymologiquement, le terme *sauvage* signifie «qui ne peut être domestiqué». À l'époque, on employait ce mot pour désigner les Autochtones d'Amérique.

même. Il fut le premier greffier et le premier notaire de la nouvelle colonie puis, plus tard, il fut syndic de la Communauté des Habitants de Ville-Marie. Ses concitoyens avaient beaucoup d'estime pour lui. Aussi, en 1654, on l'élut «receveur des aumônes qui seraient faites pour la construction de l'église».

Monsieur de Maisonneuve avait également beaucoup d'estime pour lui. Lors de son mariage, en 1651, il lui accorda une généreuse concession de terres. Jean de Saint-Père connut une fin tragique en 1657 et à sa mort se rattache une curieuse histoire rapportée par Dollier de Casson, Marguerite Bourgeoys et Vachon de Belmont.

Une voix d'outre-tombe

En 1657, une paix fragile régnait entre les Français et les Iroquois. Vers la fin du mois d'octobre, Jean de Saint-Père aidait son beau-père, Nicolas Godé, et leur serviteur Jacques Noël, à construire une maison. Un groupe d'Onneiouts se présenta et les trois Français acceptèrent de les recevoir très civilement. On leur donna même à manger. Après le repas, les Indiens attendirent que leurs hôtes remontent sur le toit continuer leur travail pour les abattre à coups d'arquebuse. Ils scalpèrent Godé et Noël, mais coupèrent la tête de monsieur de Saint-Père pour emporter avec eux sa belle chevelure.

Selon les écrits de l'époque, pendant que les Iroquois s'enfuyaient avec leur trophée, la tête de Saint-Père se mit à parler dans leur langue, une langue que, pourtant, il ne connaissait pas. « Tu nous tues, tu nous fais mille cruautés, tu veux anéantir les Français, tu n'en viendras pas à bout, ils seront un jour vos maîtres et vous leur obéirez », disait la tête de Jean.

Les Iroquois eurent beau éloigner la tête, la voiler, l'enfouir, la voix vengeresse continuait de se faire entendre. S'étant enfin débarrassés du crâne, mais ayant conservé la chevelure, les Iroquois continuaient d'entendre la voix, du côté où ils gardaient le scalp.

*   *   *

Agathe de Saint-Père n'avait que neuf mois à la mort de son père. Sa mère se remaria l'année suivante avec Jacques Le Moyne de Sainte-Marie, le frère de Charles Le Moyne d'berville, et en quatroze ans, elle donna naissance à dix enfants. Lorsqu'elle mourut en 1672, Agathe n'avait que quinze ans, mais elle prit la relève pour s'occuper de l'éducation de ses frères et sœurs. C'était la tâche qui revenait à l'aînée dans les familles de l'époque. On dit qu'elle les a élevés avec beaucoup de fermeté et qu'elle poussa même le zèle jusqu'à assumer cette responsabilité plusieurs années après son mariage.

Ainsi, en 1701, elle s'opposa au mariage de son demi-frère, Nicolas Le Moyne de Leau, avec une femme de classe inférieure. Elle engagea avec succès des poursuites judiciaires pour empêcher cette union. Ce Nicolas avait passé une bonne partie de sa vie dans l'Ouest et n'était pas, paraît-il, très brillant. Il y eut procès, appel et embrouillement. Pendant ce litige, on lui conseilla vivement de retourner «au pays des Sauvages». Docile, il vendit sa part des droits dans un fief à l'un de ses frères, légua la majeure partie de ses autres biens à sa nièce,

Marguerite Legardeur de Repentigny, et à son filleul, Jean-Baptiste Robutel, et confia à Agathe le soin de s'occuper du reste. Il quitta Ville-Marie pour le Mississippi, d'où il ne revint jamais. L'honneur de la famille était sauf.

Deux mois avant son mariage, Agathe fit ses premiers pas dans le monde de l'immobilier. Elle échangea aux messieurs de Saint-Sulpice, une terre sise à la Pointe-Saint-Charles, dont elle avait hérité de ses parents, pour le fief de la Présentation.

Plus tard, en 1688, elle emprunta la somme de 2200 livres à Charles de Couagne afin de payer 200 livres à son beau-père, 200 livres aux filles de la Congrégation et de rembourser les dettes de son mari et de ses beaux-frères. Trois ans plus tard, Pierre et Agathe vendirent le domaine de la Présentation à Jean Bouchard, sieur Dorval, pour rembourser monsieur de Couagne.

* * *

Aussi surprenant que cela puisse paraître, en ce début de XVIIIe siècle, les colons n'avaient pas la permission de faire de la toile et des étoffes pour se couvrir. Les dirigeants de la métropole ne voulaient pas laisser la colonie concurrencer les produits français.

Comble de malheur, les Anglais s'emparèrent, en 1705, d'un navire chargé de marchandises pour le Canada. Le résultat fut que le tissu vint à manquer et que, pour ce qu'il restait, les prix augmentèrent de façon astronomique.

Ce fut alors que la clairvoyance d'Agathe donna naissance à la première véritable industrie manufacturière en Nouvelle-France. Pour pallier la pénurie de lin et de laine, elle se livra chez elle à de nombreuses expériences à partir d'orties, de filaments d'écorces, de laine de bœufs illinois et de cotonnier sauvage comme on nommait alors l'asclépiade.

Elle alla même jusqu'à «acheter» neuf tisserands anglais prisonniers des Amérindiens qu'elle embaucha pour apprendre aux Canadiens et surtout aux Canadiennes à utiliser le métier à tisser. Elle en avait fait construire une vingtaine d'après l'unique modèle qui se trouvait à Ville-Maire. Quand, en 1707, les Bostonniens «rachetèrent» les neuf tisserands anglais, l'atelier de madame de Repentigny était viable. On y produisait quotidiennement 140 mètres d'étoffe et de toile. Il conserva ce rythme de production jusqu'en 1713 lorsqu'elle décida d'abandonner son industrie à Pierre Thuot Duval, maître-boulanger. Son travail avait été si utile à la colonie que les gouverneurs et les intendants considérèrent de leur devoir de signaler l'heureuse initiative au ministre des Colonies, en France. Comme récompense, le roi lui accorda une prime annuelle de 200 livres en appréciation de ses services.

* * *

Agathe fit preuve encore une fois de courage et d'audace à titre de première dame de la seigneurie de Repentigny. En 1715, au cours d'une vente aux enchères, elle poussa son mari à offrir le plus haut prix, soit 38 300 livres, pour la seigneurie de Lachenaie que les créanciers de Raymond Martel, successeur de Charles-Aubert de La Chesnaye, mirent en vente pour acquitter ses dettes. La famille Legardeur récupérait ainsi une partie de la seigneurie dont Jean-Baptiste s'était départi en 1670.

La seigneurie prit un nouvel essor si bien que, le 8 juin 1724, Pierre Legardeur pouvait déposer chez le notaire Bégon le bilan suivant. Le domaine seigneurial à Repentigny comprenait alors 217 arpents de terre, une maison «de pièces sur pièces de vingt-trois pieds de long

[7 mètres] sur vingt de large [6 mètres], une grange de quarante et un pieds de long [13 mètres] sur vingt-quatre de large [7 mètres] et cinquante arpents [17 hectares] de terre labourable».

De plus, sur l'île Bourdon, d'une superficie de 200 arpents [68 hectares], Pierre «a fait bâtir une maison de pièces sur pièces enduite dedans et dehors [...], une grange de pieux encoulissés [...], une écurie close de pieux [...], une étable aussi de pieux encoulissés [...], un poulailler construit en pierres [...], une laiterie de pièces sur pièces [...], une glacière, environ vingt-cinq arpents [8,5 hectares] de terre labourable et dix arpents [3,5 hectares] de prairie, le reste étant en bois debout».

Enfin, dans la concession de terre de Lachenaie, Pierre possède un autre domaine de «sept arpents deux perches de front [environ 400 mètres] sur une profondeur de six lieues [environ 24 kilomètres], sur lequel il y a un moulin à vent à faire farine construit en pierres, une maison en pièces sur pièces pour le meunier [...], une grange de colombages [...] et vingt-cinq arpents [8,5 hectares] de terre labourable».

*   *   *

Pierre Legardeur décéda à Montréal, le 19 novembre 1736. Il avait soixante-dix-neuf ans. Quelques années plus tard, Agathe quitta Montréal et Repentigny pour aller finir ses jours à l'Hôpital général de Québec, «dans une chambre du bâtiment neuf, servant au logement des pensionnaires externes». Elle y retrouva sa fille Marie-Joseph, qui y sera supérieure durant neuf ans et se rapprocha de son autre fille, Marie-Jeanne-Madeleine de Sainte-Agathe, religieuse au monastère des ursulines depuis 1717. Dans le testament qu'elle signa en 1746 devant le notaire Dulaurent, elle demanda d'être inhumée à cet hôpital.

On croit qu'elle est morte à l'âge de quatre-vingt-dix ans, probablement en 1747 ou 1748.

*   *   *

Agathe de Saint-Père et Pierre Legardeur de Repentigny eurent huit enfants.

1. Marguerite est née à Montréal, le 27 août 1686. En 1705, elle épousa Jean-Baptiste de Saint-Ours Deschaillons, qui s'avéra un bril-

lant militaire. Il décéda en 1747 et Marguerite lui survécut jusqu'en 1757.

2. Agathe est née à Montréal, le 12 septembre 1688. En août 1723, elle épousa François-Marie Bouat, lieutenant-général de la juridiction de Montréal, riche négociant et seigneur de Terrebonne de 1718 à 1720. Leur union dura moins de trois ans puisque monsieur de Bouat mourut à Montréal, le 18 mai 1726. Agathe décéda à Québec, en 1763.

3. Marie-Catherine est née à Montréal, le 17 septembre 1690 et est décédée, elle aussi, à l'Hôpital général de Québec, le 10 octobre 1766. On ne sait rien d'autre de sa vie.

4. Anne-Angélique est née à Montréal, le 26 février 1692 et est décédée le 10 décembre de la même année.

5. Marie-Joseph est née à Montréal, le 9 septembre 1693. Dès son plus bas âge, elle se destina à la vie religieuse et songea à entrer à l'Hôpital général de Québec qu'elle avait visité à plusieurs reprises pendant ses voyages. Mais quand elle fut en âge d'y entrer, un obstacle apparemment insurmontable se présenta: par ordre du roi, l'hôpital ne pouvait recevoir que douze sujets et toutes les places étaient occu-

pées. Elle attendit quelques années et, quand elle vit qu'on ne pouvait accéder à son désir, elle se décida à demander son admission à l'Hôtel-Dieu de Québec, dont les religieuses appartenaient à la même communauté. Elle y fut admise et prit le nom de mère de la Visitation.

Un peu plus tard, monseigneur de Saint-Vallier obtint la permission d'augmenter le nombre de religieuses à l'Hôpital général. Mère de la Visitation renouvela sa demande. L'évêque et le gouverneur de Vaudreuil aplanirent tous les obstacles et, le 21 mars 1718, elle quittait l'Hôtel-Dieu pour entrer à l'Hôpital général.

Elle y fut supérieure durant neuf ans et décéda le 10 juin 1776, à l'âge de quatre-vingt-deux ans.

6. Jean-Baptiste-René est né à Montréal, le 15 juin 1695. Il entra dans l'armée dès son plus jeune âge et fut promu enseigne des Compagnies franches de la Marine, en 1721. À ce titre, il assista le sieur de Beaujeu à Michillimakinac, un fort qui protégeait le passage du lac Huron au lac Michigan, et commanda même l'emplacement en l'absence de celui-ci, ce qui lui valut les éloges du gouverneur de Vaudreuil dans son rapport au ministre des Colonies.

Une dizaine d'années plus tard, il accéda au rang de lieutenant. Le 16 septembre 1733, alors qu'il était commandant à Michillima-kinac, il se rendit, en compagnie de Coulon de Villiers et de quelques autres Français, au fort des Sakis, au fond de la baie des Puants, sur la rive ouest du lac Michigan. On voulait sommer la tribu des Renards de se rendre à Montréal pour vendre ses fourrures. Cette démarche était plus brave que prudente. Un coup de fusil tiré par un Saki tua le fils de monsieur de Villiers. Cette première altercation engendra une bataille générale au cours de laquelle Jean-Baptiste-René fut tué. Il en fut de même pour messieurs Coulon de Villiers, Du Plessis et six autres Français.

Le 24 juillet 1718, Jean-Baptiste-René avait épousé, à Montréal, Marie-Catherine Juchereau de Saint-Denys qui mourut en 1727, après lui avoir donné cinq enfants. Deux de leurs fils, François-Xavier et Louis, firent carrière au Canada, mais ils durent retourner en France après la capitulation de la Nouvelle-France. Deux autres, Daniel-Marguerite et François-Marie, y étaient déjà depuis 1741 pour servir dans la marine royale. En 1753, ils vendirent à François-Xavier, leur frère aîné revenu alors en Acadie, leur part de la seigneurie de Lachenaie. Le cinquième, Jacques-Philippe, naquit en 1727 et mourut seize mois plus tard.

7. Jeanne-Madeleine est née à Montréal, le 31 janvier 1698. Après ses études au pensionnat des ursulines de Québec, elle retourna dans sa famille et ne tarda pas à briller dans la société montréalaise. Elle devait épouser son cousin, officier des Compagnies franches de la Marine, mais celui-ci mourut accidentellement. Elle en éprouva une profonde tristesse, puis elle se remit à fréquenter les bals et les promenades. Ne retrouvant pas la paix, elle se rendit à Québec en 1717 et se fit religieuse chez les ursulines où elle adopta le nom de mère Sainte-Agathe. Elle semble avoir eu de la difficulté à adopter la vie monastique selon les *Annales des Ursulines* qui raconte ainsi son entrée en religion.

> *À peine arrivée à Québec pour entrer au noviciat, elle y fut assaillie des plus violentes tentations de résistance à sa sainte vocation: le démon, outré de sa fuite du monde et des pièges qu'il y tendait à son âme, la poursuivait avec acharnement, déroulant à ses yeux le tableau le plus sombre possible de l'avenir qu'elle allait se faire. La lutte était pénible et difficile. Que fit alors l'enfant de Marie, se laissa-t-elle*

vaincre par satan? Non, non: forte de l'assistance de sa divine Mère, elle connut le piège, vainquit la tentation et franchit d'un pas ferme le seuil de cette porte monastique qui allait à jamais la séparer du monde et de ses dangers. Le démon cependant ne se tint pas pour battu: au noviciat même, sans cesse il représentait à son imagination sous l'aspect le plus séduisant les plaisirs qu'elle venait de quitter et la pauvre postulante ne pouvait se mettre en prière que le tentateur ne renouvelât ses assauts.

Mlle de Repentigny voyant que ses prières ne diminuaient pas ses peines, résolut de se jeter avec une confiance sans bornes entre les bras de sa divine Mère. S'étant rendue seule un jour à la chapelle des Saints, elle se prosterne aux pieds de Notre-Dame du Grand-Pouvoir et là, elle conjure Marie avec une ferveur extraordinaire que, si c'était la volonté de son fils et la sienne qu'elle se fit religieuse, il lui plût de la délivrer de si cruelles angoisses. Effet admirable d'une confiance illimitée! À l'instant, toutes les tentations s'évanouissent, une joie céleste s'empare de son âme *et la pénètre tellement de bonheur qu'elle prend la résolution de placer au lieu même où elle avait reçu une faveur aussi signalée, un témoignage perpétuel de sa reconnaissance envers sa divine Mère. Voilà comment fut allumée cette lampe à laquelle se rattache un si beau souvenir de joie et de lumière. [...] Ce fut monsieur de Repentigny fils qui se chargea de payer la donation faite par sa sœur Madeleine pour l'entretien d'une lampe à la chapelle des Saints; il nous donna pour cela trois cents livres.*

La mère Sainte-Agathe mourut à Québec, le 25 février 1739, des suites d'une longue maladie dont elle portait le germe depuis son entrée au noviciat.

8. Marie-Charlotte naquit en 1699 et décéda chez les sœurs Grises de Montréal, le 5 août 1776. On ne sait rien de sa vie.

Chapitre 6

Le retour en France

Agathe Legardeur de Repentigny, fille de Pierre Legardeur et d'Agathe de Saint-Père, veuve de François-Marie Bouat, reçut de sa mère une partie de la seigneurie de Repentigny, en 1742. Elle en vendit une parcelle située à la fourche de la rivière L'Assomption et du fleuve Saint-Laurent à Claude Hénault Deschamps, un «habitant demeurant à L'Assomption». En 1750, elle céda à sa sœur Marguerite ses droits à Lachenaie concernant la sixième partie de la seigneurie et une part du domaine, puis donna «terre et fief de Repentigny» à son neveu Louis, en 1758.

Chaque succession de père en fils ou en fille fractionnait davantage les terres. En 1753, survint toutefois une consolidation des terres de la seigneurie de Lachenaie. Deux des quatre fils de Jean-Baptiste-René vendirent à leur frère aîné François-Xavier leur part de la seigneurie, même si celui-ci ne se trouvait pas en Nouvelle-France à ce moment-là, mais plutôt en Acadie.

Cinq ans plus tôt, François-Xavier avait connu certains embêtements qui l'obligèrent à s'éloigner. En janvier 1748 en effet, à la suite d'une querelle, il avait tué d'un coup d'épée un certain Nicolas-Jacques Jacquin Philibert, important négociant de Québec. Obligé de prendre la fuite pour s'éviter un procès criminel, il vécut plusieurs mois dans les «pays d'en haut» comme on nommait alors la région des Grands Lacs.

Pendant ce temps, ses parents et amis s'interposaient auprès de la veuve de monsieur Philibert pour obtenir un règlement afin de lui faire accorder les lettres de pardon du roi. Ces lettres lui furent accordées en avril 1749. Pour ne pas provoquer l'opinion publique, François-Xavier servit en Acadie de 1749 à 1757, où il obtint un poste de commandant d'une compagnie.

En 1757, il repassa en Nouvelle-France et se distingua en plusieurs occasions jusqu'à la prise de Canada par les Anglais. Il dut alors s'en retourner en France laissant toutes les terres qu'il possédait dans les seigneuries de Lachenaie et de Repentigny à son frère Louis.

Louis n'en fut pas longtemps propriétaire. Obligé lui aussi de rentrer en France, c'est sa femme Madeleine de Léry qui se chargea de vendre les seigneuries. La partie qu'il détenait dans la seigneurie de Lachenaie passa aux mains de Roch de Saint-Ours, qui s'en porta acquéreur pour son fils Paul-Roch de Saint-Ours. Quant à la seigneurie de Repentigny, elle fut achetée par Jean-Baptiste Normand et son épouse Marie-Angélique Richaume pour la somme de 20 000 livres.

*   *   *

Ainsi prenait fin en terre de Nouvelle-France l'histoire de l'une des plus importantes familles venues de France, cent trente ans plus tôt. Elle avait été mêlée à la vie militaire et civile de façon intense et avait contribué au développement de deux importantes seigneuries.

Si, aujourd'hui, les municipalités de Repentigny, de Legardeur, de Charlemagne, de Lachenaie et plusieurs autres sont si prospères, on peut dire que la famille Legardeur de Repentigny y est pour quelque chose. Ainsi s'écrit l'histoire !

Faits marquants

1635

Mort de Samuel de Champlain.

1636

Arrivée de 10 membres de la famille Legardeur en Nouvelle-France.

1647

Concession de deux seigneuries à Pierre Legardeur de Repentigny.

1648

Décès de Pierre Legardeur de Repentigny.

1663

Jean-Baptiste Legardeur est élu maire de Québec.

1670

Marie Favery cède les seigneuries à ses fils Jean-Baptiste et Charles-Pierre. Jean-Baptiste acquiert celle de Repentigny et en vend une partie à monsieur de La

Chesnaye. Charles-Pierre acquiert celle de Villiers (Bécancour).

1675

Décès de Marie Favery, veuve de Pierre Legardeur.

1680

Jean-Baptiste donne à son fils Pierre l'île Bourdon dans la seigneurie de Repentigny.

1705

Jean-Baptiste accède au Conseil souverain.

1706

Agathe de Saint-Père crée la première industrie de tissage en Nouvelle-France.

1707

Décès de Jean-Baptiste Legardeur.

1715

Sur le conseil de sa femme, Pierre Legardeur achète la seigneurie de Lachenaie.

1736

Décès de Pierre Legardeur.

1742

Agathe Legardeur de Repentigny hérite d'une partie de la seigneurie de Repentigny.

1760 à 1763

La plupart des Legardeur s'en retournent en France après la conquête anglaise.